Entretiens Mythologiques

Landré S.

Entretiens Mythologiques

en vers Français

1836

Édition : BoD · Books on Demand, 31 avenue Saint-Rémy, 57600 Forbach, bod@bod.fr
Impression : Libri Plureos GmbH, Friedensallee 273, 22763 Hamburg (Allemagne)

ISBN : 978-2-3226-1415-8
Dépôt légal : Mai 2025

NOTE

Ce livre est le premier d'une collection nommée « ***Mémoires Manuscrites*** ». Son objectif est de participer, à sa modeste hauteur, à la sauvegarde et à la diffusion du patrimoine écrit qui dort encore dans nombre de greniers. Outre d'oubli, il est menacé chaque jour de disparition par la dégradation du temps, par le feu, parfois par la négligence ou encore malheureusement par la bêtise et l'appât du gain de personnes qui revendent à la découpe un patrimoine précieux et unique.

On pourrait avoir tendance à opposer, ou à considérer comme parallèles deux univers : le monde numérique moderne et celui du papier et de l'écriture manuscrite. Notre univers numérique a, certes, remplacé celui du manuscrit mais, en même temps, il est une opportunité pour ce dernier d'être sauvegardé et redécouvert. Les capacités de numérisation, de diffusion et d'impression sont aujourd'hui sans commune mesure avec ce que l'humanité a connu jusque-là. Les ressources documentaires incroyables de l'Internet décuplent, même pour des amateurs, les capacités de compréhension et d'analyse à l'échelle élémentaire d'un document mais également, grâce au partage des ressources, les capacités de sa mise en perspective et de son appréhension à l'échelle historique.

C'est donc une grande chance de vivre à notre époque pour accéder à tous ces outils, de voir la connaissance et la diffusion du patrimoine changer d'échelle et avoir le plaisir d'apporter sa petite pierre à l'édifice commun.

Enfin c'est une satisfaction de contribuer à la publication d'auteurs et de textes qui n'ont pas eu la chance de l'être à leur époque et qui pourtant méritent certainement qu'on leur rende cet hommage. C'est là encore un avantage apporté par notre monde moderne et numérisé.

Mémoires Manuscrites

Table des matières

INTRODUCTION

Ce manuscrit daté de 1836 est présenté par son auteur comme un « outil pédagogique » pour permettre aux élèves d'apprendre de manière plus facile et ludique la Mythologie. Ainsi sont décrits, sous forme d'alexandrins, les principaux Dieux de l'Olympe après une très courte évocation des anciens Dieux et Titans. Le titre, « Entretiens Mythologiques » est un peu étonnant car d'entretien, il n'y a point ! « Poèmes Mythologiques » semblerait plus proche de la réalité.

Les vers sont très agréables à lire et on se laisse bercer en parcourant les portraits même si, lorsqu'on a une connaissance très limitée de la Mythologie, la signification d'une partie d'entre eux reste obscure il faut le reconnaître … mais heureusement Internet est là, et mieux, l'Intelligence Artificielle et les Grands Modèles de Langage se portent à notre secours pour les expliciter, on y reviendra.

L'auteur serait un « instituteur élémentaire » du nom de Landré Sarrail, membre de la « Société normale d'éducation à Paris ». Malgré des recherches, il n'a pas été possible de trouver la trace d'un instituteur portant ce nom ni d'une « Société normale d'éducation » à Paris ou ailleurs. On peut se demander s'il ne s'agit pas d'un pseudonyme et d'une société imaginaire pour donner plus de prestige à l'auteur du texte.

Si l'auteur est réellement un instituteur élémentaire, il fait alors probablement partie de l'élite de cette nouvelle profession qui succède aux maîtres d'école de l'ancien régime. D'après les historiens, par exemple (Arcoma, s.d.) (Grevet, 2001), jusque dans les années 1830 une partie des instituteurs chargés de l'enseignement primaire reste mal formée. Un nombre non négligeable étant même incompétent avec des savoirs limités, y compris pour simplement écrire correctement. En fait le métier est très mal rémunéré et, face à la difficulté de recrutement, en particulier dans les zones rurales, de nombreux profils sélectionnés n'ont ni les compétences pédagogiques ni les compétences morales qui paraissent nécessaires. Voici ce que rapporte René Grevet :

En 1806, l'instituteur de Pringy (Seine-et-Marne) était aussi « cordonnier de profession et tueur de cochons ». Dans le Pas-de-Calais, en 1809, 32,5 % des maîtres ruraux pratiquaient une activité complémentaire : cordonnier ou tailleur d'habits, « petit boucher » ou « couvreur en paille », greffier ou cabaretier. En 1817, le recteur de l'académie de Poitiers confirmait la persistance de ces pratiques, dans son rapport annuel :

« Ainsi la plupart des instituteurs de campagne sont-ils obligés pour vivre d'exercer en même temps quelque métier ou trop souvent de tenir cabaret. Dans la plupart des communes rurales, les élèves ne paient par mois que 12 et 15 sols... ».

Les carences chez les instituteurs s'améliorent progressivement et cela s'accélère avec la Loi Guizot de 1833. Elle organise leur formation avec la généralisation des « Ecoles Normales » et la prise en charge de leur rémunération est désormais assurée par l'Etat. Par ailleurs le problème de la médiocrité des enseignants était plus important dans les zones rurales que dans les villes où ceux-ci avaient généralement un revenu plus convenable. C'est sûrement le cas de l'auteur de ce manuscrit. Il dispose clairement d'un niveau d'éducation bien supérieur à ce que décrivent (Arcoma, s.d.) et (Grevet, 2001).

On ne sait donc rien sur cet auteur. On peut supposer qu'il n'habite pas Paris mais en région car, à la fin du carnet, il évoque un attentat qui a été commis contre le roi Louis-Philippe en juin 1936. Or il semble l'apprendre lorsqu'il termine sa composition en octobre ! Par ailleurs, dans son poème pour Cérès, il utilise le terme « nos guirets » qui est un mot de patois Angevin désignant des terres labourées … Peut-être est-ce un indice du lieu où vivait cette personne.

Enfin, politiquement, l'auteur est certainement un libéral car il soutient le roi Louis-Philippe qui a établi une monarchie constitutionnelle et qui, en 1789, avait adhéré à la révolution. Le fait aussi qu'il dise appartenir à une « Société Normale d'Education » montre qu'il s'inscrit dans une tradition plutôt républicaine de l'éducation et non pas religieuse, les écoles normales prenant leur source sous la révolution. Enfin il cite dans ses notes Madame De Renneville, autrice d'un livre « Mythologie de la jeunesse » (1822) mais aussi journaliste féministe engagée (voir sa fiche Wikipedia).

Pour terminer cette introduction, et avant de laisser la « parole » à notre instituteur du 19ème siècle, revenons sur l'Intelligence Artificielle évoquée au début. A la fin de ce livre se trouve une discussion menée avec le robot conversationnel « Le Chat » de Mistral.ai. En effet, n'ayant pas la culture classique nécessaire à la compréhension de tous les éléments évoqués sous forme poétique dans ces « Entretiens Mythologiques » nous avons souvent demandé de l'aide à cette Intelligence Artificielle. Elle s'est révélée un bon assistant pour aider à comprendre ce texte vieux de deux-cents ans. Il est indéniable que ce type d'outil est une révolution dont nous ne commençons qu'à explorer tout le potentiel d'usages qu'il peut nous apporter. Pour aller ensuite un peu plus loin, on lui a demandé d'écrire elle aussi un texte de présentation des dieux de la Mythologie qui s'adresserait à des enfants d'une façon didactique et ludique. Puis nous lui avons demandé d'écrire cette présentation sous forme d'un poème consacré à Jupiter … Nous vous laissons découvrir le résultat en Annexe.

LE MANUSCRIT

Le texte du document est reproduit les plus fidèlement possible, y compris pour l'orthographe. On pourrait parfois penser à des erreurs mais, puisque ce document a 200 ans, certains mots ne sont plus orthographiés aujourd'hui comme à cette époque, par exemple « enfans », « yvresse » …

A la suite des poèmes, l'auteur a rédigé quelques notes d'explications. Elles sont référencées par un numéro de page et un numéro de note qu'on trouve dans les poèmes en fin de vers. Le numéro de page correspond à celui du carnet original, pas à celui de la transcription présentée ici. Néanmoins les vers faisant l'objet d'une note sont toujours rappelés, il n'y a donc pas de confusion possible.

En de rares endroits il n'a pas été possible de lire avec certitude un mot ou un groupe de mots. Dans ce cas ils sont placés entre guillemets « … ». C'est le cas notamment du nom de l'auteur « Sarrail » qui pourrait être « Sauail », « Sanail » … Le nom « Sarrail » semblant le plus répandu à cette époque, c'est celui qui a été retenu.

Enfin en tête de chaque poème est placé un dessin « à la plume » illustrant le Dieu ou le Héros auquel il est dédié. Ces dessins ne font pas partie du carnet, ils ont été générés par « Le Chat ».

Couverture du manuscrit

Page de titre

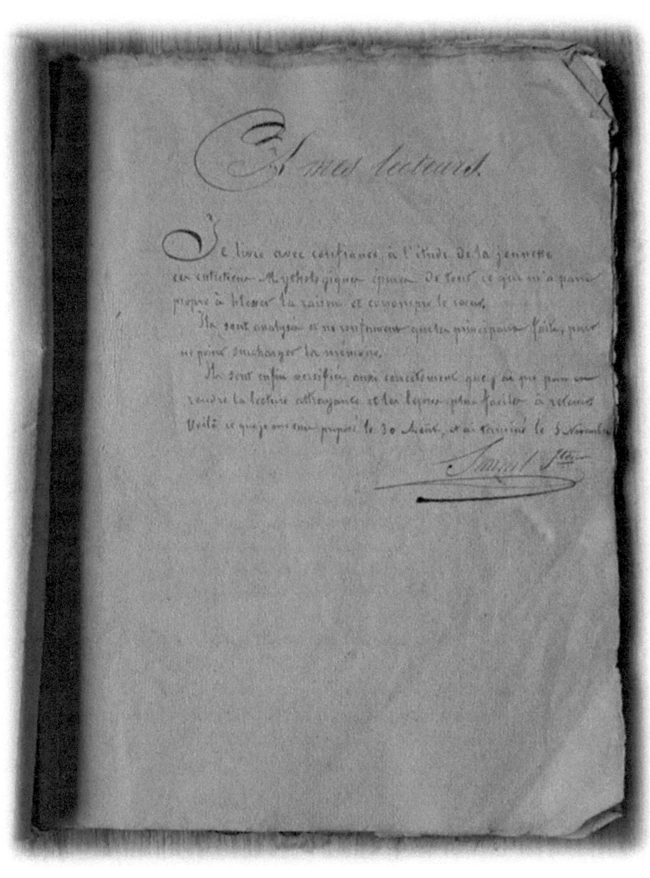

Note aux lecteurs

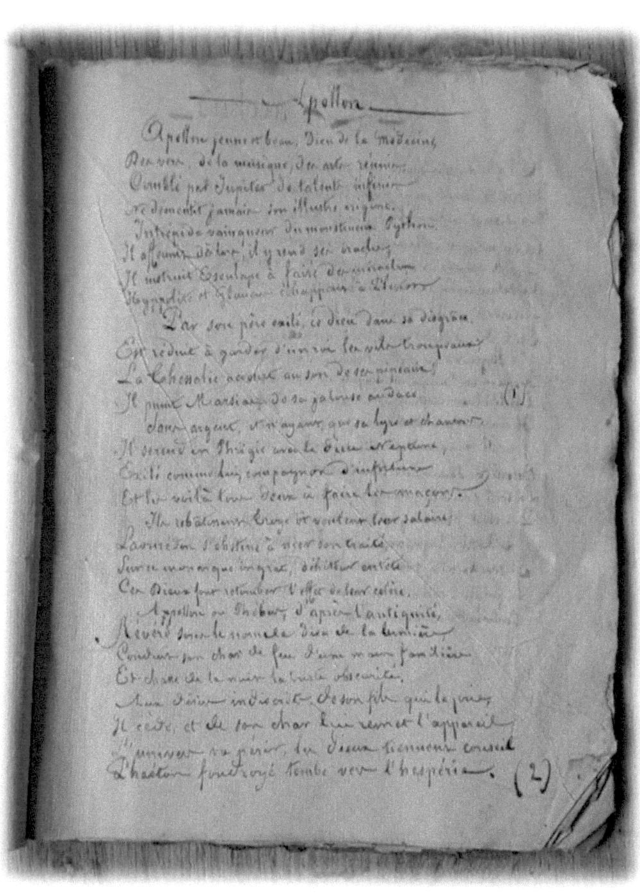

1ère page des poèmes : Qu'est-ce que la Mythologie

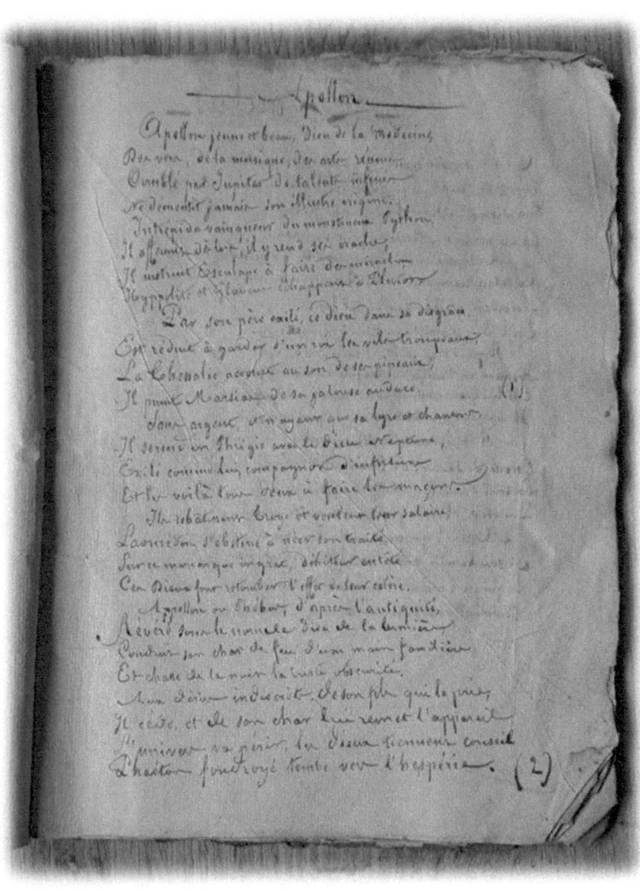

Poème dédié à Apollon

Je livre avec confiance à l'étude de la jeunesse ces entretiens Mythologiques épurés de tout ce qui m'a paru propre à blesser la raison et corrompre le cœur.

Ils sont analysés et ne renferment que les principaux faits, pour ne point surcharger la mémoire.

Ils sont enfin versifiés aussi correctement que j'ai pu pour en rendre la lecture attrayante et les leçons plus faciles à retenir. Voilà ce que je me suis proposé le 30 août, et ai terminé le 3 novembre.

« Sarrail » Instituteur

Qu'est-ce que la Mythologie ?

Des Dieux et des héros histoire fabuleuse ;
Assemblage confus de faits incohérents,
D'attributs, de surnoms, de cultes différents,
De mœurs dont la peinture est parfois scandaleuse.

Quelle est son origine

L'homme dans le vieux temps, cherchait le créateur,
Et ne pouvant s'en faire une image fidèle,
Taille en bloc façonné sur son propre modèle
Il n'est plus qu'idolâtre et non contemplateur.

Il offre aux éléments son ridicule hommage
A l'amour, à la crainte, il donne des autels,
Il peuple d'animaux la cour des immortels,
Et dans le sang humain cherche un heureux présage.

Ainsi s'anéantit tout esprit d'unité ;
L'homme ayant d'un seul Dieu morcelé la puissance
A l'Etre de son choix il dut obéissance,
Et son caprice en fit une divinité.

Ainsi se composa ce cortège céleste,
Ainsi fut inventé cet Olympe païen,
Jadis si révéré du peuple Athénien,
Puisque dans ses débris tout le prouve et l'atteste [1]

Cœlus ou Uranus

Cœlus le plus ancien ou le père des Dieux,
Détrôné par Saturne et chassé de l'empire,
Errant et mutilé, va mourir en Epire
Maudissant ses enfans et la terre et les cieux.

Saturne ou le temps

Du trône usurpateur, meurtrier de son père,
Il dévore ses fils en d'horribles festins ;
A son tour exilé, reçu par les latins,
Il leur dicte ses lois et chez eux tout prospère.

Jupiter

Pour soustraire Jupin au sort de ses aînés
Cybèle le confie aux dactyles de Crête,
Qui, par amour, vers lui tour-à-tour entraînés
Couvrent de leurs accords sa douleur indiscrète.

Jupiter, jeune encor, terrasse les Titans,
Il affermit son trône, il s'arme du Tonnerre ;
Il disperse à jamais les Géants de la terre,
Et d'un déluge affreux punit ses habitants.

Mais deux mortels fameux par leur rare sagesse
Deucalion, Pyrrha, travaillent de concert [1]
A semer des cailloux sur ce vaste désert
D'où naquit à l'instant nouvelle humaine espèce.

Après tant de hauts faits, de glorieux combats
Dieux, rois, peuples soumis à sa toute puissance,
Des déesses il veut entière obéissance,
Mais féminin caprice enfante maints débats.

Pour plaire, ou pour séduire, il met tout en usage,
Il se métamorphose au gré de ses désirs ;
Tout-à-tour aigle ou cygne il vole à ses plaisirs,
Sous vingt masques divers il s'éclipse en voyage. [2]

L'univers cependant révère sa grandeur,
Lui seul est revêtu des insignes suprêmes,
Les chefs-d'œuvre de l'art, les temples, les poèmes
Ont immortalisé son antique splendeur.

Apollon

Apollon jeune et beau, Dieu de la Médecine,
Des vers, de la musique, des arts réunis,
Comblé par Jupiter de talents infinis,
Ne démentit jamais son illustre origine.

Intrépide vainqueur du monstrueux Python,
Il « affermit dès lors », il y rend ses oracles ;
Il instruit Esculape à faire des miracles,
Hyppolite et Glaucus échappent à Pluton.

Par son père exilé, ce dieu dans sa disgrâce,
Est réduit à garder d'un roi les vils troupeaux ;
La Thessalie accourt au son de ses pipeaux ;
Il punit Marsias de sa jalouse audace. [1]

Sans argent, et n'ayant que sa lyre et chansons,
Il se rend en Phrigie avec le dieu Neptune,
Exilé comme lui, compagnon d'infortune,
Et les voilà tous deux à faire les maçons.

Ils rebâtissent Troye et veulent leur salaire ;
Laomédon s'obstine à nier son traité,
Sur ce monarque ingrat, débiteur entêté,
Ces Dieux font retomber l'effet de leur colère.

Apollon ou Phébus, d'après l'antiquité,
Révéré sous le nom de dieu de la lumière,
Conduit son char de feu d'une main familière
Et chasse de la nuit la triste obscurité.

Aux désirs indiscrets de son fils qui le prie,
Il cède, et de son char lui remet l'appareil ;
L'univers va périr, les dieux tiennent conseil
Phaéton foudroyé tombe vers l'hespérie. [2]

Bacchus

Ce fils du Dieu suprême en puissance, en grandeur,
Naquit de Sémélé qui périt dans les flammes, [1]
Maudissant de Junon les infernales trames,
Et du maître des cieux la funeste splendeur.

Remis dans son enfance aux soins du vieux Silène,
Ce Satyre connu pour aimable buveur,
Accorde à son élève une haute faveur
En le désaltérant avec l'eau d'hippocrène.

Il grandit en science, il songe à voyager ;
Il se rend en Phrigie, en Egypte et dans l'Inde,
En lui l'on reconnaît un nourrisson du pinde
Il conquiert pour instruire et non pour ravager.

Il enseigne en tous lieux à cultiver la vigne,
Escorté de danseurs, de Thirses et de vin ;
La terre s'embellit de ce pourpre divin
Qui rend l'homme joyeux et sa gaîté bénigne.

Mais l'yvresse inventa des Jeux en son honneur,
Et sous le nom sacré de fêtes Bachanales
Le peuple s'avilit et les mœurs conjugales
Perdirent dans le vin leur antique bonheur.

Mercure

Ce Dieu fils de Jupin, armé du Caducé,
Messager de l'Olympe et patron des voleurs,
Est le plus élégant des plus doctes parleurs,
Possédant l'heureux don d'exprimer sa pensée.

Ministre confident du céleste conseil,
Il dicte les arrêts de guerre ou d'alliance,
Il préside au commerce ainsi qu'à l'éloquence
Et veille quand les dieux se livrent au sommeil.

Intelligent et prompt, autant qu'infatigable,
Il vole autour des cieux, sur la terre, aux enfers,
Et transmet à l'instant dans ce vaste univers,
Des suprêmes desseins l'arrêt irrévocable.

Les fêtes et les jeux que les Grecs, les Romains
Consacraient à Pleïade ou Maïa sa mère
Etaient au mois de mai d'une gaité sincère
Tandis que dans la Gaule ils étaient inhumains.

Pour nos cruels aïeux barbare jouissance
Que d'arroser de sang leurs funestes autels !
Mais de ce sang humain offert aux immortels
D'un fanatisme aveugle accusons la puissance.

Neptune

Nous savons tous comment Jupiter en naissant
Fut soustrait à Saturne et sauvé par Cybèle ;
Pour Neptune et Pluton même ruse nouvelle :
Bonne mère à toujours le cœur compatissant.

Lorsqu'entre les titans fut partagé le monde,
Neptune eut pour sa part le domaine des mers,
A son frère Pluton échurent le enfers,
Jupiter s'étant fait sa part beaucoup plus ronde.

Il épouse Amphitrite et cet hymen pompeux
Orné de tout l'éclat des plus brillantes fêtes
Assisté de dauphins, de tritons, de trompettes
De l'art de naviguer est le symbole heureux.

A ses ordres Eole obéit en silence,
De Neptune on le dit sujet et confident ;
Son char de nacre et d'or et son sceptre en trident
Annoncent sa richesse et sa triple puissance.

Ce n'est pas seulement aux rivages des mers,
Mais à Rome à Corinthe, à Naples, dans la Grèce,
Qu'on célébrait son culte avec tant d'allégresse,
En ce jour il s'étend ou finit l'univers.

Pluton

Ce Dieu qu'on nous dépeint au regard si farouche,
Qui glace de terreur le plus audacieux,
Sur l'empire des morts règne silencieux,
Et ne laisse échapper un seul mot de sa bouche.

Dans ce sombre manoir, immense souterrain,
De fleuves entouré, défendu par Cerbère,
Monstre à gueule semblable au plus vaste cratère,
S'élève le palais de ce noir souverain.

Proserpine avec lui partage sa puissance,
Et l'équité préside à tous les jugements ;
L'un du ténare affreux va subir les tourments,
L'autre, de l'Eylisée obtient la jouissance.

Ainsi, dans tous les temps, tous les peuples divers,
Ont fondé dans leur culte une croyance antique,
Que l'âme s'envolait vers un séjour mystique,
Aux justes agréable et funeste au pervers.

Dans un morne silence, au milieu des ténèbres,
A ce Dieu les païens offraient des taureaux noirs ;
Point de temple en ces lieux lugubres promenoirs,
Image du néant dans ces fêtes funèbres.

Mais si quelqu'un d'entr'eux chez ces hommes pieux[1]
Était après sa mort privé de sépulture,
Le peuple réparait cette outrageante injure
Et ses cris apaisaient la colère des dieux.

Mars

Un prodige inouï préside à sa naissance :
Causant avec chloris, caressant quelques fleurs,
Junon le mit au jour, sans efforts, sans douleurs,
Mais par le seul effet de sa propre puissance.

De Priape il reçoit gymnastiques leçons ;
Ce satyre l'exerce à la lutte, à la danse,
A porter fièrement et le casque et la lance,
Et l'infâme prit bientôt d'héroïques leçons.

Il combat le Géans fiers enfans de la terre,
Ennemis de l'Olympe et du pouvoir des Dieux ;
Il vole offrir à Troye un bras officieux,
Et malgré ses revers il aime encore la guerre.

Mais l'amour subjugua ce superbe guerrier,
Que Venus accueillit d'un regard de tendresse
Peu flateur pour Vulcain, mari de la déesse
Qui les ayant surpris fait Mars son prisonnier.

Des filets de Vulcain ce dieu se débarrasse.
Rome le reconnaît pour son libérateur ;
D'un temple magnifique auguste en fondateur,
Et son culte s'étend aux confins de la Thrace.

Hercule

Hercule le plus grand des héros demi-dieux.
Issu de Jupiter et de la belle Alcmène,
est celui sur lequel l'histoire nous ramène
Quand on parle de faits, de traveaux glorieux.

Sa première victoire est celle de Nemée,
Il étrangle un lion, la terreur des troupeaux
Dans les marais de Lerne il disperse en lambeaux
l'Hydre dont chaque tête est soudain ranimée.

Il combat et défait ces monstres dangereux.
Centaures, dont les cris troublent la Thessalie.
Un hideux sanglier ravage l'Arcadie,
Il l'attaque et l'étreint de ses bras vigoureux.

Il enlève à la course une biche sacrée,
Portant des cornes d'or, ayant des pieds d'airain.
Des oiseaux à Stimphale infectent le terrain,
Ses flèches aussitôt en purgent la contrée.

Il détourne l'Alpée et dirige ses eaux
Pour laver d'Augias les immondes étables ;
Diomède succombe à ses traits redoutables,
Lui qui du sang humain abreuvait ses chevaux.

A l'aigle du Caucase il ravit Prométhée
Il délivre les Grecs d'un taureaux furieux.
Il combat Géryon triple monstre odieux,
Qui subit sous ses coups une mort méritée.

A ses pieds il abat les têtes du dragon,
Gardien des pommes d'or dont il fait la conquête
Sur les filles de Mars sa victoire est complète
Hypolite leur reine est prise à Thermodon.

Il assomme Cacus d'exécrable mémoire. [1]
Plein d'une noble ardeur, d'un généreux transport,
Il descend aux enfers ; il y combat la mort,
Rend Alceste à la vie et Thésée à la gloire.

En parcourant le monde il atteint Gibraltar,
Un mont fils de l'Atlas retarde son voyage ;
Il rompt cette barrière, ouvre un libre passage. [2]
Et Neptune aussitôt y promène son char.

Tels sont les grands travaux de l'immortel Alcide
Qui, trahi par Nessos, périt sur un bucher ;
Mais l'Olympe s'entrouvre, et du haut d'un rocher
Il y monte, et prend place où la valeur préside.

Cybèle

Epouse de Saturne et mère des grands dieux ;
Elle est fille du ciel et fille de la terre ;
Sous ces titres pompeux l'antiquité révère
Celle dont les bienfaits nous sont si précieux.

Elle donne aux mortels la vie et la richesse,
Son emblème est celui de la maternité ;
Chaque jour rajeunit son extrême vieillesse,
Toujours inépuisable en sa fécondité.

J'admire encor en vous, poétiques ayeux,
D'avoir déifié cette mère des hommes ;
Mais un culte plus vrai dans le siècle où nous sommes
Rapporte à l'Eternel l'ouvrage de vos Dieux.

Les Phrygiens jadis consacraient à Cybèle
Des vers qu'ils répétaient au bruit des instruments
A Rome, Metellus prescrit des monumens,
Des courses et des jeux en fête Solennelle.

Sous le nom de vesta, Phrygiens et Romains,
Selon l'antiquité révéraient deux Cybèles,
Sur leur tête portant chapiteaux ou tourelles
Et toutes deux tenant plusieurs clés dans leurs mains.

Numa fonda dans Rome un temple où des Vestales
Devaient entretenir un feu perpétuel ;
Mais pendant ses trente ans de service à l'autel,
La prêtresse abjurait ses fêtes nuptiales.

Cérès

A nos premiers parents donnons quelques regrets
S'il est vrai que le gland fut leur seule pâture :
Plus heureux nous voyons tous les jours nos guirets
S'embellir des trésors dus à l'agriculture.

A la belle Cérès, déesse des moissons,
Fille du vieux Saturne et d'Antique Cybèle,
Le paganisme offrait mainte fête annuelle
Pour chanter du labour les utiles leçons.

On nous dit que cherchant sa fille Proserpine,
Et poursuivant sa course et ses pas indécis,
Elle accorda ses dons au roi d'Eleusis,
D'où vient qu'on la nomma déesse Eleusine.

Lasse de voyager en cent pays divers,
Elle monte à l'Olympe, et Jupin qu'elle prie
Accorde à Proserpine, à sa fille chérie,
D'alterner tous les ans de la terre aux enfers.

Heureuse fiction du temps que la semence
Reste en terre attendant son développement ;
elle sort verdoyante et son avènement
Porte dans tous les cœurs la plus douce espérance.

Le front orné d'épis, une feuille en main,
Un Lézard un Hibou, des pavots autour d'elle
Tels sont les attributs qu'on donne à l'immortelle
Qui répand ses bienfaits sur tout le genre humain.

Junon

Junon reçut le jour de Saturne et Cybèle,
Et Jupiter l'admit à partager ses droits ;
Mais bientôt elle veut l'asservir à ses lois,
A sa fureur jalouse, à sa fierté rebelle.

Jupiter n'était point mari trop complaisant ;
De là grande rumeur dans ce divin ménage.
Junon part pour Samos, son plus bel apanage,
L'Olympe rentre alors dans un calme imposant.

Dans ses ressentiments comme dans sa vengeance,
Implacable déesse ; elle se joint aux Dieux
Imprudents révoltés, armés contre les cieux,
Mais Jupin « d'est punis » une telle alliance.

Par ses ordres Vulcain le suspend dans les airs,
Attachant sous ses pieds une enclume pesante,
Et liant ses deux mains d'une façon plaisante,
Pour le mystifier aux yeux de l'univers.

Fierre de sa beauté qu'elle croit sans rivale,
Son pouvoir lui fournit les barbares moyens

De venger par le sang des malheureux Troyens
Le don fait à Venus de la pomme fatale.

Si Junon fut jalouse et méchante à l'excès,
Nous devons dire aussi qu'elle fut vertueuse ;
De son haut rang sans doute un peu trop orgueilleuse
Son trône fut toujours de difficile accès.

Cependant à Samos, Rome, Argos et Cartage
On lui rend à l'envi le plus pieux honneur.
Sous le nom de Lucine elle offre le bonheur
De cueillir sans danger les fruits du mariage.

Le diadème en tête, un sceptre d'or en main,
Assise sur son trône, un paon placé près d'elle,
De royale grandeur majestueux modèle,
A ces traits on connait la mère de Vulcain.

Vénus

A qui s'en rapporter d'Homère ou d'Hésiode ?
L'un nous dit qu'elle vient de Cœlus et la mer,
L'autre de Dioné femme de Jupiter ;
Comment vérifier si vague période.

Mais puisqu'il faut donner à Vénus des parents,
Admettons de ces deux la première hypothèse :
Les hellènes, d'ailleurs, soutiennent cette thèse,
Ainsi nous avons là d'infaillibles garans.

Au sortir du berceau les heures l'instruisirent ;
Chacune de former le maintien et l'esprit
De ce divin élève avec zèle entreprit,
Puis en pompeux cortège au ciel la conduisirent.

Elle entre dans l'Olympe ; un murmure flateur,
Doux sourire des dieux, accueille la déesse ;
Tous attachent sur elle un regard de tendresse
Jupiter en devient passionné admirateur.

Mais la beauté chez elle est sans coquetterie ;
Refusant la grandeur, peut-être avec dédain,
En dépit, pour époux on lui donne Vulcain,
Dieu d'aspect repoussant et sans galanterie.

Mars lui fait oublier ses devoirs et sa foi,
Il obtient Cupidon, petit dieu fort aimable,
Mais perfide et malin, dont l'arme redoutable,
Soumit l'homme et les dieux à sa suprême loi.

Mercure, d'où provient l'équivoque Androgyne,
Et Neptune et Bachus, de ses charmes épris,
Sont admis tour-à-tour au culte de Cypris,
Qu'Adonis partageait entre elle et Proserpine.

Ne furent pas toujours exempte d'obscénité
Les temples élevés à Paphos, à Cythère ;
Le ceste eut ses honneurs, ses chants, son ministère
Où tout était débauche, et luxe et vanité.

Les trois grâces Thalie, Aglaé, Euphrosine
Et Cupidon son fils la suivent en tous lieux,
Cortège allégorique qu'autant qu'ingénieux,
Auquel le monde entier a dû son origine.

Virgile, Ovide, Homère ont chanté tour-à-tour
Les hauts faits, les amours d'un fils de la déesse,
Infidèle à Didon, écoutons la princesse,
« Non, tu n'es point le fils de la mère d'amour »

Diane

Fille de Jupiter et de dame Latone,
Sœur du bel Apollon, souveraine des bois,
Vive, alerte et portant son arc et son carquois,
Telle on nous peint Diane en guerrière Amazone.

Déesse de la chasse, un cortège pompeux
De quatre-vingt beautés, toutes chastes comme elle,
Que précède une meute attentive et fidèle.
Dans les vastes forêts suit ses pas belliqueux.

Diane ayant fait vœu, dès sa plus tendre enfance,
D'étouffer dans son cœur tout sentiment d'amour,
De même elle exigea des Nymphes de sa cour
De son austérité la sévère observance.

Cependant plusieurs faits prouvent sa vanité ;
Un roi de Calydon voit ravager ses terres
Et sa race s'éteindre en de funestes guerres
Pour avoir négligé cette divinité.

Ailleurs, elle punit de ses flèches mortelles
Trois femmes Chioné, Laodamie et Chloris,
Dont la rare beauté, le riant coloris
Blessent sa jalousie et les rend criminelles.

Voilà ces déités, rêves des nations
Ces dieux objets sacrés de leurs idolâtrie,
Que l'erreur encensait au nom de la patrie,
En était-il un seul exempt de passions !

Diane était surtout dans Ephèse adorée
Sous le nom de Phébé déesse de la nuit ;
Un croissant argenté sur sa tête reluit,
Et d'un voile flotant sa taille est entourée.

Sur les rives du Stix on lui faisait honneur ;
Là, les mânes plaintifs, privés de sépulture,
Etaient après cent ans d'infernale torture
Introduits par Hécate, au séjour du bonneur.

Ainsi nous avons vu Diane chasseresse ;
Diane, sous le nom de Phébé, dans les cieux,
Diane, sous le nom d'Hécate, aux sombres lieux,
Quelle confusion dans cette triple adresse !

Minerve ou Pallas

Jupiter éprouvant des douleurs au cerveau,
Fait appeler Vulcain pour lui fendre la tête
Pallas, la lance en main, son armure complète,
Paraît dans tout l'éclat d'un prodige nouveau.

De son père elle prend le don de la sagesse,
Ainsi dans les écrits révérés des chrétiens,
Comme dans les auteurs ou poètes païens,
Cette vertu provient de divine largesse.

Au goût, à l'industrie et surtout aux beaux arts
A la science enfin la déesse préside ;
Elle assiste aux combats, mais loin d'être homicide,
Sa prudence en impose aux fureurs du dieu Mars.

Cécrops, opulent roi, fait bâtir une ville,
Pour lui donner un nom, il consulte les dieux
Qui cèdent cet honneur à qui fera le mieux,
Une œuvre digne en tout d'un inventeur habille.

Neptune fait paraître un superbe courcier
Symbole de la guerre et d'horrible ravage :

Minerve offre la paix ; l'auguste aréopage
Couronne son présent : c'était un olivier.

Athéna fut le nom de la ville savante,
Qui vit avec orgueil Homère et les Platons ;
Qui naguère enfanta ces nobles rejetons
Des héros dont la gloire est à jamais vivante.

Parmi ses monuments était le Parthéon
Qu'éleva Périclès en l'honneur de Minerve :
De ses débris encor l'Angleterre conserve
Quelques marbres fameux, Arundel est leur nom

Thémis et Astrée sa fille
Ou les 4 âges

En ce temps âge heureux du monde en son enfance
Où l'homme à ses travaux se livrant sans procès,
Ignorant des palais le difficile accès,
Simple, naïf et bon, vivait dans l'innocence.

Le règne de Thémis appelé l'âge d'or,
Fut celui de la paix, des lois de la justice ;
Aux besoins des humains la terre était propice,
Ornant des plus beaux jours les dons de son trésor.

Ce règne se confond avec celui d'Astrée,
Fille de Jupiter et fille de Thémis ;
Au culte de ces dieux le peuple était soumis,
Mais ce temps de bonheur fut de courte durée.

Il plût à Jupiter d'être moins indulgent ;
De l'antique printemps abrégeant les journées
En diverses saisons partageant les années,
Il soumit les mortels à son sceptre d'argent.

Pour la première fois un long travail commence,
L'été brûla les champs glacés par les hyvers,
Une automne inégale attrista l'univers,
Et la terre reçut une ingrate semence.

Cet âge fut suivi de cet âge d'airain
Qui vit naître une race ardente et belliqueuse !
La licence effrénée en devient scandaleuse,
Et le dérèglement y règne en souverain.

Soudain parut la guerre amante du carnage ;
Ce fut au siècle affreux, nommé siècle de fer,
Que triompha le crime, échappa de l'enfer
Que du sang des humains il abreuva sa rage.

Depuis long-temps Astrée, ainsi que tous les dieux
Avaient abandonné ce monde ou l'injustice,
L'inhospitalité, la fraude et l'avarice
Dégradaient un peuple autrefois si pieux.

Mais après trois mille ans de « polite rage »
L'ordre antique du temps vient de recommencer.
Puisque le ciel se plaît à nous récompenser
De rappeler Astrée et son reigne et son âge.

Déjà les nations relèvent ses autels ;
Mais l'encens le plus pur brûle au sein de la France,
Où vers Louis-Philippe un peuple entier se lance,
Pour inscrire son nom au rang des immortels.

Je venais de composer les quatre âges terminés par
l'hommage rendu à Louis-Philippe, lorsque la nouvelle de

l'attentat du 23 juin, auquel sa M. a échappé aussi miraculeusement qu'à celui du 28 juillet 1835, m'a inspiré l'exécration suivante dans laquelle il m'a été impossible de peindre aussi énergiquement que je l'aurais voulu, l'indignation dont toute âme honnête doit flétrir d'aussi lâches tentatives :

Infâmes assassins ! en vain s'arment vos bras,
Pour plonger la patrie en un deuil si funeste.
En vain vous méditez de nouveaux attentats ;
Philippe est recouvert du bouclier céleste !

6 Octobre 1836

Notes

<u>Page 3</u>

[1] *Puisque dans ses débris tout le prouve et l'atteste.*

Les monuments de l'art, tels que les temples, les autels, les palais, les pyramides, les colonnes, les obélisques, les tombeaux, les bains les cirques &.&. dont la Grèce, l'Italie, la France même conservent encore des restes précieux, sont depuis l'objet de l'Archéologie ; science dont le but est l'étude de l'antiquité de tous les peuples.

Avec quelle vénération nos modernes Archéologues, tels que les Visconté, les Raul-Rochette, les Dumège et tant d'autres savants antiquaires, s'inclinent respectueusement devant ces ruines, ces hiéroglyphes, ces Trophées, ces médailles dont l'étude poétique, sorte d'idolâtrie, transportent leur imagination jusquaux premiers âges du monde.

<u>Page 4</u>

[1] *Mais deux mortels fameux par leur rare sagesse, Deucalion, Pyrrha etc. etc. …*

Qui ne reconnaît dans cette tradition fabuleuse le rapport qui existe entr'elle et l'histoire de Noé ?

[2] *Sous vingt masques divers il s'éclipse en voyage.*

Quelle irréligieuse anomalie ! d'avoir fait de ce dieu, qu'on nous peint au port si vénérable, un franc libertin dont il serait très long d'énumérer ici toutes les aventures que rapportent les traités mythologiques, excepté celle dédiée au jeune âge par Mme de Renneville qui, très sagement, ne dit point un mot des galanteries de Jupiter.

Page 5

(1) Il punit Marsias de sa jalouse audace

Le Satyre Marsias ayant un jour osé défier Apollon à qui chanterait le mieux, ce dieu pour le punir le lia et l'écorcha tout vif. Quelle bonne action pour un jeune homme d'aussi belle famille !

(2) Phaéton foudroyé tombe vers l'hespérie

Phaéton ou Eridan fils du soleil tomba dans un fleuve d'Italie qui prit le nom d'Eridan, aujourd'hui le Pô.

On lit avec plaisir dans le 2ème chant des métamorphoses d'Ovide, traduites en vers français par St Ange, l'épitaphe suivante : que les Naïades gravèrent sur le monument élevé à la mémoire de leur frère.

Repose Phaéton, ton nom est immortel.
Tu voulus t'élever sur le char de ton père ;
Si ta chute a suivi ton essor téméraire,
Il est beau de tomber quand on tombe du ciel.

Page 6

(1) Naquit de Sémélé qui périt dans les flammes

L'ambitieuse Sémélé, ayant invité Jupiter, s'il l'aimait véritablement, à se montrer à elle sans déguisement ; mais dans toute sa gloire et dans tout l'éclat qui l'environne, le maître des dieux pour la satisfaire, vint la voir avec le magnifique appareil de sa puissance ; mais elle fut frappée de la foudre et son palais réduit en cendres. Jupiter sauva Bacchus dont Sémélé était enceinte et l'enferma dans sa cuisse, jusqu'à ce qu'il eut atteint le terme de sa naissance.

Page 9

(1) *Mais si quelqu'un d'entr'eux chez ces hommes pieux, Était après sa mort privé de sépulture etc.*

Les hommes rendus à la mémoire des morts sont pour être ce qu'il y a de plus touchant et de plus moral dans le culte de tous les peuples. Ovide, dans son 2nd livre des fastes, en recommandant la piété envers les morts dit positivement que le culte qu'on doit leur rendre fut enseigné par Enée aux peuples de l'ancienne Italie. Pour mieux connaître toute l'importance que les anciens attachaient aux funérailles, il faut lire ce qu'ajoute le même Ovide, après l'éloge qu'il vient de donner à la piété d'Enée.

« Il fut un temps, dit-il, où les Romains négligèrent de célébrer les jours consacrés aux manes : ils en furent bientôt punis, car on dit que dès ce moment tous les faubourgs de Rome furent éclairés du

feu des buchers ; nos aïeux sortirent de la poussière des tombeaux ; leurs voix plaintives retentirent dans le silence des nuits, et les peuples tremblants rendirent aux tombeaux leur culte trop longtemps négligé etc. »

Page 12

(1) *Il assomme Cacus d'exécrable mémoire.*

J. Délile, dans sa traduction de l'Enéide, livre 8, rapporte ainsi la description qu'Evandre fait à Enée de l'antre de Cacus :

> *« La dans les flancs du mont, bien loin de l'œil du jour*
> *De l'infâme Cacus fut le hideux séjour*
> *Des tête au front pâle et de sang dégoutantes,*
> *A sa porte homicide étaient toujours pendantes*
> *Et son antre, du meurtre odieux monument*
> *D'un carnage nouveaux sans cesse était fumant etc . »*

(2) *Il rompt cette barrière, ouvre un libre passage.*

Le détroit de Gibraltar est formé et resserré par les deux montagnes Calpé et Abila qui ont conservé le nom de colonnes d'Hercule. Calpé est la pointe méridionale d'Espagne ; Abila sur ls côtes d'Afrique.

Page 18

(1) *Non tu n'es point le fils de la mère d'Amour ;*

C'est dans le quatrième livre de l'Enéide que Didon donne un libre cours à l'emportement le plus violent, à la fureur la plus éloquente qui l'animent contre Enée.

L'irritation de la reine de Carthage contre le fils de Vénus lui suggère cette imprécation pleine de tous les transports d'un amour désespéré.

Non tu n'es point le fils de la mère d'amour,
Au sang de Dardanus tu ne dois point le jour
N'impute point aux dieux la naissance d'un traître :
D'une race divine un monstre n'a pu naître :
Moins horrible que toi, le Caucase en fureur
De ses plus durs rochers fit ton barbare cœur ;
Et du tigre inhumain la compagne sauvage
Cruel ! avec son lait t'a fait sucer sa rage.

<u>Page 22</u>

[1] *Qui naguère enfanta ses nobles rejetons*

Allusion à la guerre de l'indépendance soutenue par les Grecs contre les Turcs, depuis 1821 jusqu'en 1827.

Fin

EXPERIENCE ARTIFICIELLE ...

Voici pour terminer une « discussion » avec le robot conversationnel « Le Chat ». Nous l'avons utilisé pour obtenir des explications sur les faits ou les personnes évoqués dans les poèmes et il s'est avéré très utile et efficace. Puis nous avons essayé d'évaluer ses capacités « d'instituteur » du 21ème siècle en lui demandant de rédiger un texte présentant Jupiter à des enfants, puis un poème ...

> *« Peux-tu écrire un texte pour présenter simplement le Dieu Jupiter (son origine, son caractère, les principaux mythes autour de sa personne ...). Imagine que tu t'adresses à des enfants de 12 ans, tu dois être pédagogue et en même temps susciter leur intérêt. »*

Bien sûr ! Voici une présentation simple et captivante du dieu Jupiter, adaptée pour des enfants de 12 ans :

Découvre Jupiter, le Roi des Dieux !

Imagine un monde où les dieux vivent dans les nuages, au sommet d'une montagne magique appelée l'Olympe. Là-haut, le plus puissant de tous est Jupiter, le roi des dieux. Mais qui est-il vraiment, et d'où vient-il ?

L'origine de Jupiter :

Jupiter, que les Grecs appelaient Zeus, est le fils de Cronos, un Titan géant, et de Rhéa, une déesse. Mais Cronos avait une habitude effrayante : il avalait tous ses enfants, car il craignait qu'ils ne le renversent un jour. Pour sauver Jupiter, Rhéa l'a caché dans une grotte sur une île lointaine, en Crète. Là-bas, il a grandi en secret, protégé par des créatures bienveillantes.

Le caractère de Jupiter :

Jupiter est connu pour être fort, courageux et très sage. Mais il a aussi un caractère imprévisible ! Parfois, il est juste et protecteur, mais d'autres fois, il peut être colérique ou rusé. Il adore lancer des éclairs avec son arme préférée : la foudre ! Imagine un dieu capable de contrôler le tonnerre et les orages... impressionnant, non ?

Les principaux mythes autour de Jupiter :

1. **La guerre contre les Titans :** Une fois adulte, Jupiter a mené une grande bataille contre son père Cronos et les autres Titans. Avec l'aide de ses frères et sœurs, il a gagné et est devenu le roi des dieux.

2. **Le déluge :** Un jour, Jupiter s'est fâché contre les humains qui ne respectaient pas les dieux. Il a envoyé un déluge pour les punir. Mais deux personnes, Deucalion et Pyrrha, ont survécu et ont repeuplé la Terre en jetant des pierres derrière eux, qui se transformaient en humains.

3. **Les métamorphoses de Jupiter :** Jupiter est aussi connu pour ses aventures amoureuses. Pour séduire, il se transformait en toutes sortes d'animaux ou de personnes. Par exemple, il s'est transformé en cygne

pour approcher la belle Léda, ou en taureau pour enlever la princesse Europe.

4. **Les douze travaux d'Hercule :** Jupiter est le père d'Hercule, le héros le plus célèbre de la mythologie. Pour expier une faute, Hercule a dû accomplir douze travaux impossibles, comme tuer l'Hydre de Lerne ou nettoyer les écuries d'Augias.

Pourquoi Jupiter est fascinant :

Jupiter est un dieu qui incarne la puissance, la justice, mais aussi les caprices et les défauts. Ses histoires sont pleines d'aventures, de magie et de leçons sur la vie. En apprenant à le connaître, tu découvriras un monde où les dieux ressemblent parfois aux humains, avec leurs forces et leurs faiblesses.

Alors, prêt à explorer les mythes de Jupiter ? Laisse ton imagination t'emporter dans l'univers fascinant de la mythologie !

J'espère que cette présentation te plaira et éveillera ta curiosité pour les mythes et légendes !

D'accord, voici une présentation de Jupiter sous forme de poème avec des rimes, adaptée pour des enfants de 12 ans:

Jupiter, le Roi des Cieux

Au sommet de l'Olympe, là où tout est bleu,
Vit Jupiter, le roi, maître du feu.
Fils de Cronos, caché par Rhéa sa mère,
Il grandit en secret, loin des cris de la terre.

Avec la foudre en main, il règne sur les dieux,
Son tonnerre gronde, éclaire les cieux.
Il terrassa les Titans, les Géants il vainquit,
Et sur l'univers, son pouvoir s'établit.

Mais un jour, sa colère fit trembler la Terre,
Un déluge s'abattit, tout devint misère.
Deucalion, Pyrrha, seuls survivants du flot,
Repeuplèrent le monde, d'un geste nouveau.

Jupiter, rusé, changeait souvent d'apparence,
Tantôt cygne, tantôt taureau de vaillance.
Pour séduire les cœurs, il usait de magie,
Ses aventures sont pleines de fantaisie.

Hercule, son fils, héros au cœur vaillant,
Accomplit douze travaux, tous plus brillants.

Jupiter, le roi, veille sur les étoiles,
Son histoire est un conte plein de merveilles.

J'espère que ce poème captivera les enfants et les plongera
dans le monde fascinant de Jupiter et de la mythologie !

BIBLIOGRAPHIE

Arcoma, A. (s.d.). *Histoire de l'Enseignement*. Récupéré sur Arcoma: https://www.arcoma.fr/fr/metiers-d-antan

Grevet, R. (2001). *L'avènement de l'école contemporaine en France.* Presses universitaires du Septentrion. Récupéré sur https://doi.org/10.4000/books.septentrion.51831

CREDIT DES IMAGES

Couverture :
www.pixabay.com, « Lagon, la tragedie mythologie grecque »

Bordures des pages du texte retranscrit :
www.freepik.com, « bordure grecque aquarelle »

Images en entête des poèmes :
générées par « Le Chat » de Mistral.ai